# PLANTAR ÁRBOLES, SEMBRAR IDEAS

AKIARA books

Publicado por AKIARA books
Plaça del Nord, 4, pral. 1a
08024 Barcelona (España)
www.akiarabooks.com/es
info@akiarabooks.com

Primera edición: octubre de 2020
Colección: Akiparla, 5
Diseño y coordinación de la colección: Inês Castel-Branco y Jordi Pigem

Este libro ha sido impreso con papel certificado FSC®,
proviene de fuentes respetuosas con la sociedad y el medio ambiente
y puede ser considerado un «libro amigo de los bosques».

Impreso en dos tintas, el texto interior en papel reciclado Shiro Echo Blanc
de 120 g/m² y la cubierta en cartulina Kraftliner de 250 g/m².
Se usaron las fuentes Celeste Pro Book, Helvetica Narrow y Franklin Gothic Std.

Impreso en España
@Agpograf_Impressors
Depósito legal: B 18.375-2020
ISBN: 978-84-17440-70-1

# WANGARI MAATHAI

## PLANTAR ÁRBOLES, SEMBRAR IDEAS

Comentario de Laia de Ahumada // Ilustraciones de Vanina Starkoff //
Edición bilingüe

# ÍNDICE

## DISCURSO
**de aceptación del Premio Nobel de la Paz de Wangari Maathai**

## CLAVES DEL DISCURSO
**La primera mujer africana que recibió el Premio Nobel de la Paz**

# DISCURSO DE ACEPTACIÓN DEL PREMIO NOBEL DE LA PAZ DE WANGARI MAATHAI

Oslo, 10 de diciembre de 2004

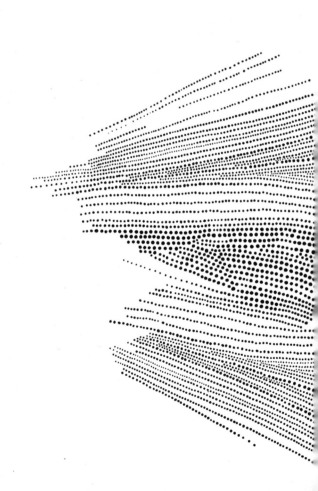

Your Majesties, Your Royal Highnesses, Honourable Members of the Norwegian Nobel Committee, Excellencies, Ladies and Gentlemen,

I stand before you and the world humbled by this recognition and uplifted by the honour of being the 2004 Nobel Peace Laureate.

As the first African woman to receive this prize, I accept it on behalf of the people of Kenya and Africa, and indeed the world. I am especially mindful of women and the girl child. I hope it will encourage them to raise their voices and take more space for leadership. I know the honour also gives a deep sense of pride to our men, both old and young. As a mother, I appreciate the inspiration this brings to the youth and urge them to use it to pursue their dreams.

Majestades, altezas reales, honorables miembros del Comité Nobel noruego, excelencias, damas y caballeros,

Comparezco ante ustedes y ante el mundo con humildad por este reconocimiento y con entusiasmo por el honor de ser la Premio Nobel de la Paz de 2004.

Como primera mujer africana que recibe este premio, lo acepto en nombre del pueblo de Kenia, de África y del mundo. Tengo especialmente presentes a las mujeres y a las niñas. Espero que las alentará a alzar sus voces y a conquistar más espacios de liderazgo. Sé que este honor también llena de un profundo orgullo a nuestros hombres, tanto mayores como jóvenes. Como madre, valoro la inspiración que da a los jóvenes y los animo a usarla para intentar realizar sus sueños.

Although this prize comes to me, it acknowledges the work of countless individuals and groups across the globe. They work quietly and often without recognition to protect the environment, promote democracy, defend human rights and ensure equality between women and men. By so doing, they plant seeds of peace. I know they, too, are proud today. To all who feel represented by this prize I say use it to advance your mission and meet the high expectations the world will place on us.

Aunque recae sobre mí, este premio reconoce el trabajo de innumerables personas y grupos de todo el mundo. Trabajan silenciosamente y a menudo sin ningún reconocimiento para proteger el medio ambiente, promover la democracia, defender los derechos humanos y garantizar la igualdad entre mujeres y hombres. Con ello, plantan semillas de paz. Sé que ellos también están hoy orgullosos. A todos quienes se sienten representados por este premio les digo: usadlo para avanzar en vuestra misión y para satisfacer las altas expectativas que el mundo depositará en nosotros.

This honour is also for my family, friends, partners and supporters throughout the world. All of them helped shape the vision and sustain our work, which was often accomplished under hostile conditions. I am also grateful to the people of Kenya— who remained stubbornly hopeful that democracy could be realized and their environment managed sustainably. Because of this support, I am here today to accept this great honour.

I am immensely privileged to join my fellow African Peace laureates, Presidents Nelson Mandela and F.W. de Klerk, Archbishop Desmond Tutu, the late Chief Albert Luthuli, the late Anwar el-Sadat and the UN Secretary General, Kofi Annan.

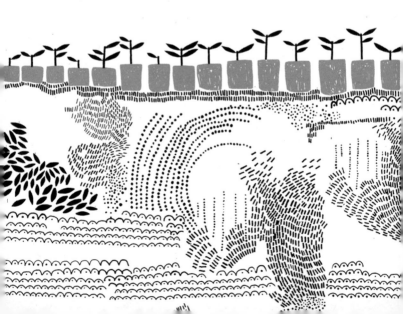

Este honor es también para mi familia, mis amigos, mis compañeros y las personas que me han apoyado en todo el mundo. Todos y todas han ayudado a dar forma a nuestras aspiraciones y a sostener nuestro trabajo, a menudo realizado bajo condiciones hostiles. También estoy muy agradecida al pueblo de Kenia, que obstinadamente mantuvo la esperanza de que se podía conseguir la democracia y se podía gestionar sosteniblemente el medio ambiente. Gracias a su apoyo, hoy estoy aquí para aceptar este gran honor.

Me siento inmensamente privilegiada por poder unirme a mis compañeros africanos galardonados con el Nobel de la Paz, los presidentes Nelson Mandela y F. W. de Klerk, el arzobispo Desmond Tutu, el difunto líder Albert Luthuli, el difunto Anwar el-Sadat y el secretario general de las Naciones Unidas, Kofi Annan.

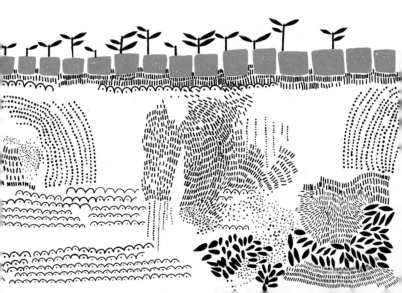

I know that African people everywhere are encouraged by this news. My fellow Africans, as we embrace this recognition, let us use it to intensify our commitment to our people, to reduce conflicts and poverty and thereby improve their quality of life. Let us embrace democratic governance, protect human rights and protect our environment. I am confident that we shall rise to the occasion. I have always believed that solutions to most of our problems must come from us.

Sé que los africanos de todas partes se sienten motivados por esta noticia. Compañeros y compañeras africanos, al aceptar este premio, utilicémoslo para intensificar nuestro compromiso hacia nuestra gente, para reducir los conflictos y la pobreza, y así mejorar su calidad de vida. Aceptemos la gobernanza democrática, protejamos los derechos humanos y protejamos nuestro entorno. Estoy segura de que no dejaremos escapar la oportunidad. Siempre he creído que las soluciones a la mayoría de nuestros problemas tienen que venir de nosotros.

In this year's prize, the Norwegian Nobel Committee has placed the critical issue of environment and its linkage to democracy and peace before the world. For their visionary action, I am profoundly grateful. Recognizing that sustainable development, democracy and peace are indivisible is an idea whose time has come. Our work over the past 30 years has always appreciated and engaged these linkages.

En el premio de este año, el Comité Nobel Noruego ha situado ante el mundo el tema clave del medio ambiente y su relación con la democracia y la paz. Les estoy profundamente agradecida por su decisión visionaria. Es hora de reconocer que el desarrollo sostenible, la democracia y la paz son inseparables. Nuestro trabajo durante los últimos treinta años siempre ha reconocido estos vínculos y ha trabajado con ellos.

My inspiration partly comes from my childhood experiences and observations of Nature in rural Kenya. It has been influenced and nurtured by the formal education I was privileged to receive in Kenya, the United States and Germany. As I was growing up, I witnessed forests being cleared and replaced by commercial plantations, which destroyed local biodiversity and the capacity of the forests to conserve water.

Mi inspiración procede, en parte, de mis experiencias y observaciones de la naturaleza durante mi niñez en la Kenia rural. Ha sido influida y alimentada por la educación formal que tuve el privilegio de recibir en Kenia, en Estados Unidos y en Alemania. Mientras crecía, presencié como los bosques eran arrasados y reemplazados por plantaciones comerciales, que destruían la biodiversidad local y la capacidad de los bosques para conservar el agua.

In 1977, when we started the Green Belt Movement, I was partly responding to needs identified by rural women, namely lack of firewood, clean drinking water, balanced diets, shelter and income.

Throughout Africa, women are the primary caretakers, holding significant responsibility for tilling the land and feeding their families. As a result, they are often the first to become aware of environmental damage as resources become scarce and incapable of sustaining their families.

En 1977, cuando pusimos en marcha el Movimiento Green Belt ('Cinturón Verde'), en cierto modo estaba respondiendo a las necesidades identificadas por las mujeres rurales: falta de leña, de agua potable, de dietas equilibradas, de cobijo y de ingresos.

En toda África, las mujeres son las principales cuidadoras y acarrean gran parte de la responsabilidad de cultivar la tierra y alimentar a sus familias. Por ello, a menudo son las primeras en tomar conciencia del deterioro ambiental, cuando los recursos se vuelven escasos e insuficientes para sostener a sus familias.

The women we worked with recounted that unlike in the past, they were unable to meet their basic needs. This was due to the degradation of their immediate environment as well as the introduction of commercial farming, which replaced the growing of household food crops. But international trade controlled the price of the exports from these small-scale farmers and a reasonable and just income could not be guaranteed. I came to understand that when the environment is destroyed, plundered or mismanaged, we undermine our quality of life and that of future generations.

Las mujeres con las que trabajábamos explicaban que, a diferencia de lo que ocurría en el pasado, ahora no podían satisfacer sus necesidades básicas. Ello era debido a la degradación de su entorno inmediato y a la introducción de cultivos comerciales, que desplazaban a los cultivos de alimentos para las familias. Pero el comercio internacional controlaba el precio de las exportaciones de estos modestos agricultores y era imposible garantizar ingresos justos y razonables. Empecé a entender que cuando el medio ambiente es destruido, saqueado o mal gestionado, se socava nuestra calidad de vida y la de las generaciones futuras.

Tree planting became a natural choice to address some of the initial basic needs identified by women. Also, tree planting is simple, attainable and guarantees quick, successful results within a reasonable amount time. This sustains interest and commitment.

So, together, we have planted over 30 million trees that provide fuel, food, shelter, and income to support their children's education and household needs. The activity also creates employment and improves soils and watersheds. Through their involvement, women gain some degree of power over their lives, especially their social and economic position and relevance in the family. This work continues.

Plantar árboles se volvió una opción natural para resolver algunas de las necesidades básicas inicialmente identificadas por las mujeres. Además, plantar árboles es sencillo y asequible, y garantiza resultados rápidos y exitosos en un periodo de tiempo razonable. Eso mantiene el interés y el compromiso.

Juntas hemos plantado más de treinta millones de árboles que proveen de combustible, comida, refugio e ingresos para la educación de los hijos y las necesidades familiares. Esta actividad, además, genera empleo y mejora los suelos y las cuencas fluviales. Con su implicación, las mujeres ganan algo de poder en sus vidas, sobre todo respecto a su posición económica y social y a su papel en la familia. Este trabajo continúa.

Initially, the work was difficult because histori-
cally our people have been persuaded to believe that
because they are poor, they lack not only capital, but
also knowledge and skills to address their challenges.
Instead they are conditioned to believe that solutions
to their problems must come from 'outside'. Further,
women did not realize that meeting their needs de-
pended on their environment being healthy and well
managed. They were also unaware that a degraded
environment leads to a scramble for scarce resources
and may culminate in poverty and even conflict.
They were also unaware of the injustices of international economic arrangements.

Al principio, el trabajo era difícil porque históricamente se ha hecho creer a nuestra gente que, al ser pobres, no solo les falta el dinero, sino también el conocimiento y la capacidad para afrontar sus problemas. Se les ha hecho creer que las soluciones a sus problemas tienen que venir «de fuera». Además, las mujeres no se daban cuenta de que la satisfacción de sus necesidades requería la salud y la buena gestión del entorno. Tampoco se daban cuenta de que un entorno degradado genera una lucha por los recursos escasos y puede llevar a la pobreza e incluso al conflicto. Y no se daban cuenta tampoco de las injusticias de los acuerdos económicos internacionales.

In order to assist communities to understand these linkages, we developed a citizen education program, during which people identify their problems, the causes and possible solutions. They then make connections between their own personal actions and the problems they witness in the environment and in society. They learn that our world is confronted with a litany of woes: corruption, violence against women and children, disruption and breakdown of families, and disintegration of cultures and communities. They also identify the abuse of drugs and chemical substances, especially among young people. There are also devastating diseases that are defying cures or occurring in epidemic proportions. Of particular concern are HIV/AIDS, malaria and diseases associated with malnutrition.

Para ayudar a las comunidades a entender estos vínculos, desarrollamos un programa de educación ciudadana, en el que la gente identifica sus problemas, las causas y las posibles soluciones. Luego establecen conexiones entre sus acciones personales y los problemas que ven en el medio ambiente y en la sociedad. Aprenden que nuestro mundo se enfrenta a una letanía de infortunios: corrupción, violencia contra las mujeres y los niños, desestructuración y fracaso de las familias, y desintegración de las culturas y comunidades. Aprenden también sobre el abuso de drogas y sustancias químicas, especialmente entre la gente joven. Hay también enfermedades devastadoras que son difíciles de curar o que se dan en proporciones epidémicas. Son especialmente preocupantes el sida, la malaria y las enfermedades derivadas de la malnutrición.

On the environment front, they are exposed to many human activities that are devastating to the environment and societies. These include widespread destruction of ecosystems, especially through deforestation, climatic instability, and contamination in the soils and waters that all contribute to excruciating poverty.

In the process, the participants discover that they must be part of the solutions. They realize their hidden potential and are empowered to overcome inertia and take action. They come to recognize that they are the primary custodians and beneficiaries of the environment that sustains them.

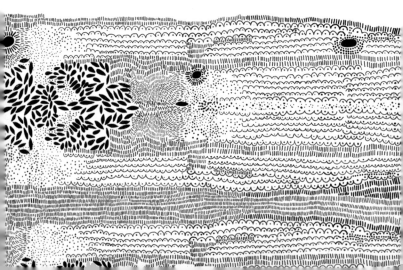

En el frente ambiental, están expuestos a muchas actividades humanas que son devastadoras para el entorno y las sociedades. Incluyen la gran destrucción de ecosistemas, especialmente a través de la deforestación, la inestabilidad climática y la contaminación de los suelos y de las aguas, todo lo cual contribuye a una terrible pobreza.

En este proceso, los participantes descubren que han de ser ser parte de las soluciones. Se dan cuenta de su potencial oculto y se sienten empoderados para superar la inercia y pasar a la acción. Empiezan a darse cuenta de que son los principales custodios y beneficiarios del entorno que los sostiene.

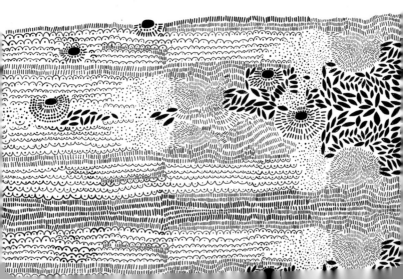

Entire communities also come to understand that while it is necessary to hold their governments accountable, it is equally important that in their own relationships with each other, they exemplify the leadership values they wish to see in their own leaders, namely justice, integrity and trust.

Although initially the Green Belt Movement's tree planting activities did not address issues of democracy and peace, it soon became clear that responsible governance of the environment was impossible without democratic space. Therefore, the tree became a symbol for the democratic struggle in Kenya. Citizens were mobilised to challenge widespread abuses of power, corruption and environmental mismanagement. In Nairobi 's Uhuru Park, at Freedom Corner, and in many parts of the country, trees of peace were planted to demand the release of prisoners of conscience and a peaceful transition to democracy.

Comunidades enteras comprenden que, a la vez que es necesario pedir responsabilidades a los gobiernos, es igualmente importante que en sus propias relaciones ejemplifiquen los valores que desean ver en sus líderes, es decir, justicia, integridad y confianza.

A pesar de que inicialmente las actividades de plantación de árboles del Movimiento Green Belt no planteaban cuestiones de democracia y paz, pronto quedó claro que la gestión responsable del entorno era imposible sin un espacio democrático. Así, el árbol se convirtió en un símbolo de la lucha democrática en Kenia. Los ciudadanos se movilizaron para desafiar los abusos de poder generalizados, la corrupción y la mala gestión ambiental. En el Parque Uhuru de Nairobi, en el Rincón de la Libertad y en muchas zonas del país, se plantaron árboles de paz para exigir la liberación de los presos de conciencia y una transición pacífica hacia la democracia.

Through the Green Belt Movement, thousands of ordinary citizens were mobilized and empowered to take action and effect change. They learned to overcome fear and a sense of helplessness and moved to defend democratic rights.

In time, the tree also became a symbol for peace and conflict resolution, especially during ethnic conflicts in Kenya when the Green Belt Movement used peace trees to reconcile disputing communities. During the ongoing re-writing of the Kenyan constitution, similar trees of peace were planted in many parts of the country to promote a culture of peace. Using trees as a symbol of peace is in keeping with a widespread African tradition. For example, the elders of the Kikuyu carried a staff from the thigi tree that, when placed between two disputing sides, caused them to stop fighting and seek reconciliation. Many communities in Africa have these traditions.

A través del Movimiento Green Belt, miles de ciudadanos se movilizaron y se empoderaron para pasar a la acción y generar cambios. Aprendieron a superar el miedo y la sensación de impotencia, y pasaron a defender los derechos democráticos.

Con el tiempo, el árbol se volvió también un símbolo de la paz y de la resolución de conflictos, especialmente durante los conflictos étnicos de Kenia, cuando el Movimiento Green Belt usó árboles de la paz para reconciliar a comunidades enfrentadas. Mientras se reescribía la constitución de Kenia, se plantaron árboles de la paz semejantes en muchas zonas del país, para promover una cultura de la paz. Usar árboles como símbolo de paz está en sintonía con una tradición africana muy extendida. Por ejemplo, los ancianos kikuyu llevaban un bastón del árbol *thigi* que, cuando se ponía entre dos bandos enfrentados, los obligaba a dejar de luchar y a buscar la reconciliación. Estas tradiciones se encuentran en muchas comunidades de África.

Such practises are part of an extensive cultural heritage, which contributes both to the conservation of habitats and to cultures of peace. With the destruction of these cultures and the introduction of new values, local biodiversity is no longer valued or protected and as a result, it is quickly degraded and disappears. For this reason, The Green Belt Movement explores the concept of cultural biodiversity, especially with respect to indigenous seeds and medicinal plants.

Estas prácticas forman parte de una amplia heren-
cia cultural, que contribuye a la conservación de los
hábitats y a culturas de paz. Con la destrucción de
estas culturas y la introducción de nuevos valores, la
biodiversidad local ya no se valora ni se protege, y en
consecuencia se degrada rápidamente y desaparece.
Por eso el Movimiento Green Belt explora el concepto
de biodiversidad cultural, especialmente en relación
a las semillas y plantas medicinales nativas.

As we progressively understood the causes of environmental degradation, we saw the need for good governance. Indeed, the state of any county's environment is a reflection of the kind of governance in place, and without good governance there can be no peace. Many countries, which have poor governance systems, are also likely to have conflicts and poor laws protecting the environment.

In 2002, the courage, resilience, patience and commitment of members of the Green Belt Movement, other civil society organizations, and the Kenyan public culminated in the peaceful transition to a democratic government and laid the foundation for a more stable society.

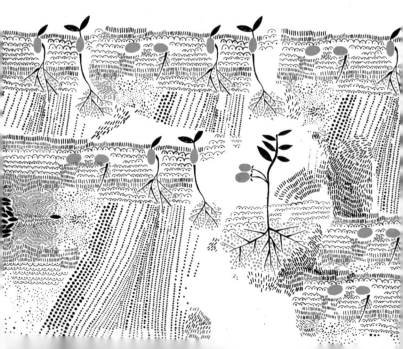

A medida que fuimos comprendiendo las causas de la degradación ambiental, entendimos la necesidad de una buena gestión. De hecho, en cualquier región el estado del medio ambiente es un reflejo del tipo de gestión que hay, y sin una buena gestión no puede haber paz. Muchos países con sistemas de gestión deficientes tienden también a tener conflictos y leyes ambientales precarias.

En 2002, la valentía, la resistencia, la paciencia y el compromiso de los miembros del Movimiento Green Belt, de otras organizaciones de la sociedad civil y de los ciudadanos de Kenia culminaron en la transición pacífica hacia un gobierno democrático y sentaron la base para una sociedad más estable.

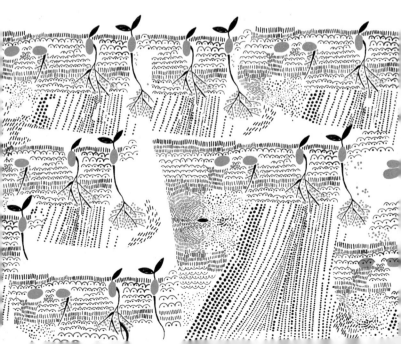

It is 30 years since we started this work. Activities that devastate the environment and societies continue unabated. Today we are faced with a challenge that calls for a shift in our thinking, so that humanity stops threatening its life-support system. We are called to assist the Earth to heal her wounds and in the process heal our own—indeed, to embrace the whole creation in all its diversity, beauty and wonder. This will happen if we see the need to revive our sense of belonging to a larger family of life, with which we have shared our evolutionary process.

Hace treinta años que iniciamos este trabajo. Las actividades que destruyen el medio ambiente y las sociedades no han disminuido. Hoy afrontamos un reto que nos pide una transformación en nuestra manera de pensar, a fin de que la humanidad deje de amenazar el sistema que sostiene la vida. Estamos llamados a ayudar a la Tierra a sanar sus heridas y, a la vez, sanar las nuestras; estamos llamados, de hecho, a abrazar el conjunto de la creación en toda su diversidad, belleza y maravilla. Para ello, tenemos que volver a despertar nuestro sentido de que somos parte de la gran familia de la vida, con la que compartimos nuestro proceso evolutivo.

In the course of history, there comes a time when humanity is called to shift to a new level of consciousness, to reach a higher moral ground. A time when we have to shed our fear and give hope to each other.

That time is now.

The Norwegian Nobel Committee has challenged the world to broaden the understanding of peace: there can be no peace without equitable development; and there can be no development without sustainable management of the environment in a democratic and peaceful space. This shift is an idea whose time has come.

En el curso de la historia, llega un momento en que la humanidad está llamada a avanzar a un nuevo nivel de conciencia, a alcanzar un nivel moral más alto. Un momento en el que nos toca desprendernos de nuestro miedo y darnos esperanza unos a otros.

Ese momento es ahora.

El Comité Nobel Noruego ha lanzado un desafío al mundo para ampliar la comprensión de lo que es la paz: no puede haber paz sin un desarrollo equitativo, y no puede haber desarrollo sin una gestión sostenible del medio ambiente, en un espacio democrático y pacífico. Ha llegado la hora de este cambio.

I call on leaders, especially from Africa, to expand democratic space and build fair and just societies that allow the creativity and energy of their citizens to flourish. Those of us who have been privileged to receive education, skills, and experiences and even power must be role models for the next generation of leadership. In this regard, I would also like to appeal for the freedom of my fellow laureate Aung San Suu Kyi so that she can continue her work for peace and democracy for the people of Burma and the world at large.

Hago un llamamiento a los líderes, especialmente de África, a ampliar el espacio democrático y a construir sociedades justas que permitan que florezca la creatividad y la energía. Aquellos de nosotros que hemos tenido la suerte de obtener educación, capacidades, experiencias e incluso poder, tenemos que ser modelos para la próxima generación de líderes. En este sentido, querría también pedir la libertad de mi compañera, también premiada, Aung San Suu Kyi para que pueda proseguir su trabajo por la paz y la democracia para el pueblo birmano y para todo el mundo.

Culture plays a central role in the political, economic and social life of communities. Indeed, culture may be the missing link in the development of Africa. Culture is dynamic and evolves over time, consciously discarding retrogressive traditions, like female genital mutilation, and embracing aspects that are good and useful.

Africans, especially, should re-discover positive aspects of their culture. In accepting them, they would give themselves a sense of belonging, identity and self-confidence.

La cultura desempeña un papel clave en la vida política, económica y social de las comunidades. De hecho, la cultura quizá sea el eslabón que falta en el desarrollo de África. La cultura es dinámica y evoluciona a lo largo del tiempo, descartando deliberadamente tradiciones retrógradas, como la mutilación genital femenina, e integrando aspectos que resultan buenos y útiles.

Los africanos, sobre todo, tendrían que redescubrir los aspectos positivos de su cultura. Al asumirlos, obtendrían un sentido de pertenencia, de identidad y de confianza.

There is also need to galvanize civil society and grassroots movements to catalyse change. I call upon governments to recognize the role of these social movements in building a critical mass of responsible citizens, who help maintain checks and balances in society. On their part, civil society should embrace not only their rights but also their responsibilities.

Further, industry and global institutions must appreciate that ensuring economic justice, equity and ecological integrity are of greater value than profits at any cost. The extreme global inequities and prevailing consumption patterns continue at the expense of the environment and peaceful co-existence. The choice is ours.

Hace falta también animar a la sociedad civil y a los movimientos de base para que catalicen el cambio. Hago un llamamiento a los gobiernos para que reconozcan el papel de estos movimientos sociales a la hora de construir una masa crítica de ciudadanos responsables, que ayuden a equilibrar las dinámicas de la sociedad. Por su parte, la sociedad civil tendría que asumir no solo sus derechos, sino también sus responsabilidades.

Además, la industria y las instituciones globales han de darse cuenta de que garantizar la justicia económica, la equidad y la integridad ecológica es más valioso que los beneficios a toda costa. Las injusticias globales extremas y los actuales modelos de consumo persisten a expensas del entorno y de la coexistencia pacífica. Nos toca elegir.

I would like to call on young people to commit themselves to activities that contribute toward achieving their long-term dreams. They have the energy and creativity to shape a sustainable future. To the young people I say, you are a gift to your communities and indeed the world. You are our hope and our future.

The holistic approach to development, as exemplified by the Green Belt Movement, could be embraced and replicated in more parts of Africa and beyond. It is for this reason that I have established the Wangari Maathai Foundation to ensure the continuation and expansion of these activities. Although a lot has been achieved, much remains to be done.

Querría hacer un llamamiento a la gente joven para que se involucre en actividades que contribuyan al logro de sus sueños a largo plazo. Tienen la energía y la creatividad para moldear un futuro sostenible. A los jóvenes les digo: sois un regalo para vuestras comunidades y para el mundo. Sois nuestra esperanza y nuestro futuro.

El enfoque holístico del desarrollo, ejemplificado por el Movimiento Cinturón Verde, podría ser reproducido en otras zonas de África y del mundo. Por eso he creado la Fundación Wangari Maathai, para asegurar la continuidad y la expansión de estas actividades. Muchos objetivos se han logrado, pero queda mucho por hacer.

As I conclude I reflect on my childhood experi-
ence when I would visit a stream next to our home
to fetch water for my mother. I would drink water
straight from the stream. Playing among the arrow-
root leaves I tried in vain to pick up the strands of
frogs' eggs, believing they were beads. But every time
I put my little fingers under them they would break.
Later, I saw thousands of tadpoles: black, energetic
and wriggling through the clear water against the
background of the brown earth. This is the world I
inherited from my parents.

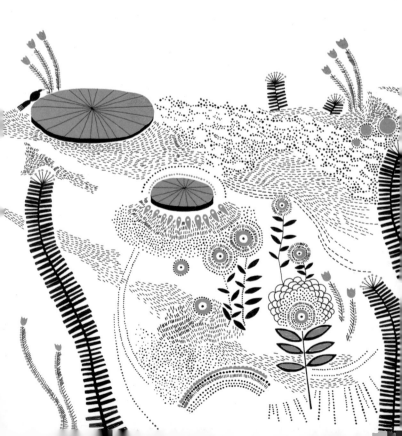

Para concluir, quiero recordar una experiencia de mi niñez, cuando iba a un arroyo cerca de casa para llevar agua a mi madre. Bebía agua directamente del arroyo. Mientras jugaba entre las hojas de maranta, intentaba, en vano, coger hileras de huevos de rana, pensando que eran abalorios. Pero cada vez que introducía mis deditos, las hileras se rompían. Luego vi miles de renacuajos: negros, llenos de energía y serpenteando a través del agua clara sobre el fondo marrón del arroyo. Ese es el mundo que yo heredé de mis padres.

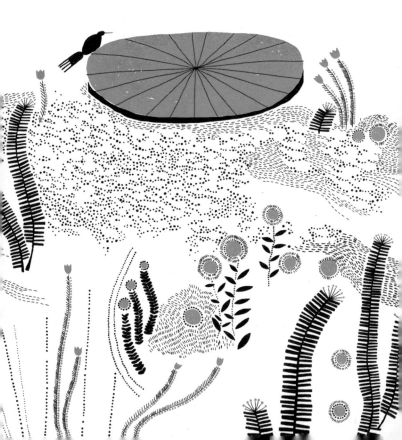

Today, over 50 years later, the stream has dried up, women walk long distances for water, which is not always clean, and children will never know what they have lost. The challenge is to restore the home of the tadpoles and give back to our children a world of beauty and wonder.

Thank you very much.

Hoy, más de cincuenta años después, el arroyo se ha secado, las mujeres recorren a pie largas distancias para obtener agua, que no siempre está limpia, y los niños nunca sabrán lo que han perdido. El reto es restaurar el hogar de los renacuajos y devolver a nuestros hijos un mundo de belleza y maravilla.

Muchas gracias.

# CLAVES DEL DISCURSO
## La primera mujer africana que recibió el Premio Nobel de la Paz

Laia de Ahumada

El 10 de diciembre de 2004, en la ciudad de Oslo, Wangari Maathai pronunció su discurso de aceptación del Premio Nobel de la Paz.

Este premio, que se concede a personas o instituciones que han trabajado para fomentar la paz, fue fundado por Alfred B. Nobel (1833-1896), quien, paradójicamente, se había dedicado a la invención y fabricación de armas y explosivos, entre ellos la dinamita, con los cuales amasó una gran fortuna. En 1888, Alfred Nobel leyó en un diario francés una necrológica titulada «El mercader de la muerte ha muerto». Quien en realidad había muerto era su hermano Ludvig, empresario del petróleo, pero el periodista se había confundido y había creído que quien había muerto era él, Alfred, el fabricante de armas. Se sintió tan trastornado con el artículo que empezó a reflexionar sobre lo que había sido su vida y acabó dedicando la práctica totalidad de su fortuna a instituir los premios que llevan su nombre.

Los premios se conceden a personas que hayan destacado especialmente en cinco ámbitos: Física, Química, Fisiología o Medicina, Literatura y Paz. El Premio Nobel de la Paz, por tanto, quiere premiar esfuerzos en favor de una paz que las armas de Nobel habían hecho todavía más frágil. Unas armas contra las que se tuvo que enfrentar

Wangari en sus acciones a favor de la ecología, la democracia y los derechos humanos en su país natal, Kenia.

Wangari Maathai fue la primera mujer africana que recibió el Premio Nobel de la Paz. Coincidió que era también la primera vez que este premio incluía la defensa del medio ambiente como un elemento clave de la paz. Wangari fue también la primera mujer de África oriental que recibió el título de doctora en Biología, que dirigió un departamento universitario y que obtuvo una cátedra. También fue la hija mayor de su familia y, siguiendo la tradición, desde muy pequeña tuvo que ocuparse de las tareas domésticas y de cuidar de sus hermanos.

Lo más importante, sin embargo, es que fue una mujer que supo poner al servicio de su pueblo y del mundo lo que había aprendido y aquello en lo que creía firmemente. Wangari Maathai fue una líder (posiblemente influida por el carisma del clan Anjirū, uno de los diez de la comunidad Kikuyu, a la cual pertenecía). Fue una líder porque priorizó los intereses de los demás por encima de los propios, y puso su talento al servicio de las personas para acompañarlas en la consecución del bien común, convencida de que el futuro de cada persona está en sus propias manos.

## «Lo acepto en nombre del pueblo de Kenia, de África y del mundo»

En el momento de la entrega del premio Nobel, Wangari Maathai se levanta de la silla y camina hacia el atril con un paso que puede parecer tímido pero que nada tiene que ver con la vergüenza, sino con la humildad de quien sabe caminar descalza sobre la tierra. Lleva un traje y un pañuelo en la cabeza de color naranja cobre —ha elegido un color cálido que invita a la energía y al dinamismo. Su primer gesto ante el micrófono es una sonrisa y una mirada que deja entrever la ternura y a la vez la fuerza que hay en su interior. Saca los papeles de la carpeta, cambia la sonrisa por una actitud seria (la ha necesitado, sin duda, para enfrentarse a policías, oligarcas y políticos) y, con cierta emoción en la voz, empieza a hablar. Sus ojos se iluminan y su actitud se vuelve más profunda.

Lo primero que hace es aceptar el premio en nombre de su país, Kenia, del continente africano y del mundo entero, convencida de que este reconocimiento a una mujer africana animará a todas las mujeres a crear espacios de liderazgo. Después vienen los agradecimientos, donde ya apunta los tres temas que irá desarrollando durante el discurso, los tres ámbitos por los que lucha: el medio ambiente, los derechos humanos y la gobernanza democrática.

Es un discurso sin ideas abstractas, que pone énfasis en la responsabilidad de las personas. Habla de la igualdad de derechos de las mujeres, pero también de la importancia de convencerlas de su capacidad de defenderlos; habla de la defensa del medio ambiente, pero también de la necesidad de que la gente se dé cuenta de que está en sus manos defenderlo. El continente africano, golpeado por la colonización, ha de recuperar su derecho a decidir sobre sus recursos para poder protegerlos, como se hacía desde tiempo ancestral. Es consciente de que toda lucha en favor de la Tierra y de todos los seres que la habitan es una lucha en favor de una vida digna, justa y en paz. Y por eso alienta a hombres y mujeres a empoderarse, a seguir sus sueños, porque está convencida de que pueden hacerlos realidad si se ponen a ello, de que todo el mundo puede ser el cambio que anhela: «Siempre he creído que las soluciones a la mayoría de nuestros problemas tienen que venir de nosotros».

Estos temas, que se van desarrollando a lo largo de su discurso, son claves de una vida orientada en pos de un anhelo: sanar a la Tierra de sus heridas, sabiendo que, a la vez, se sanarán las de cada persona que la habita. Es un anhelo que viene de dentro, de su experiencia, y que lleva hacia afuera, hacia su comunidad y hacia el mundo.

De esta experiencia se hace eco al acabar los agradecimientos, cuando empieza propiamente la sustancia del discurso: «Mi inspiración procede de mis experiencias de la naturaleza durante mi niñez». Y con el relato de una de estas experiencias de su niñez, la del arroyo y los huevos de rana, cierra también su discurso. Esta sencilla historia final es un homenaje a la tradición oral de su país, a la importancia que han tenido cuentos y leyendas para transmitir conocimientos y valores. Wangari hace patente la necesidad de recuperar las tradiciones culturales que forman parte de la identidad de su país.

Al principio y al final del discurso, Wangari explica de dónde viene y qué la ha influido, y evoca el mundo que heredó de sus padres, un mundo lleno de vida, que se ha comprometido a restaurar.

## «Mi inspiración procede de mis experiencias y observaciones de la naturaleza durante mi niñez»

Wangari nació el 1 de abril de 1940 en la zona rural de Nyeri, en el centro de Kenia, en una tierra fértil con vistas al Monte Kenia, que se considera una montaña sagrada. Su madre, Wanjiru Kibicho, y su padre, Muta Njugi, eran campesinos. A ella le pusieron el nombre de la abuela paterna, Wangari, y el nombre del padre, Muta. Al casarse, años más tarde, tomó como segundo apellido el de su marido y se convirtió en Wangari Muta Maathai.

Wangari fue la tercera de seis hijos y, como mujer, junto con su madre, tenía que cuidar a sus hermanos, además de ocuparse de las tareas domésticas, ir a buscar agua y cultivar el huerto. Sus recuerdos son los de una comunidad familiar y tribal, de abundancia natural y de respeto por la persona y por la naturaleza. Su padre era polígamo, una costumbre habitual entre los kikuyu, y se podía casar con tantas mujeres como quisiera, con la obligación de mantenerlas, a ellas y a sus hijos. Su madre era una de las cuatro mujeres de su padre y en los recuerdos de Wangari hay aprecio por esta gran familia en la que nunca se sintió sola. De su madre recuerda que nunca recibió ninguna palabra ofensiva, sino palabras llenas de sabiduría. De su padre recuerda la importancia que daba a la educación de todos sus hijos. Por eso ella pudo estudiar, en una época en que la educación era un privilegio (y si eras mujer, todavía más, porque tenías que ayudar en el hogar y casarte pronto). A los siete años empezó a ir a la escuela primaria, en una misión católica que estaba a cuarenta y cinco minutos a pie de su casa. Después pudo estudiar secundaria en un internado católico de las monjas de Loreto, en Limuru, cerca de Nairobi. En 1960 ganó una beca Kennedy, que se otorgaba desde Estados Unidos para fomentar la educación de jóvenes africanos. Era insólito que una mujer africana fuese a estudiar a un país lejano, habitado mayoritariamente por personas de raza blanca. Muchos vecinos no lo entendieron; les pareció que traicionaba a su tradición y se enfrentaron con su madre, pero Wanjiru defendió a su hija. Para Wangari también supuso un choque cultural, que quedó atenuado por su estancia en un colegio mayor de monjas, en un ambiente parecido al que había vivido en la escuela de Kenia. De las monjas, decía, aprendió la pasión y la tenacidad, y también la solidaridad, el preocuparse y ocuparse de los otros, cualidades que la ayudaron en su liderazgo.

En Estados Unidos se graduó y realizó un máster en Biología, pero también aprendió acerca de los cimientos de la democracia y el feminismo, que le permitieron descubrirse de otro modo: como una ciudadana respetada, libre y responsable. Le gustaba mucho estudiar, pero lo que más deseaba era volver lo antes posible a su país para poder aplicar lo que había aprendido. Y así lo hizo: volvió a Kenia y, no sin dificultades, consiguió una plaza de profesora en la Universidad de Nairobi. En 1967 se casó con Mwangi Mathai (añadió una *a* al apellido de su marido para que fuera leído tal com se pronuncia, *Maathai*), sociólogo, economista y político, y seguidamente se marchó dos años a Alemania, donde se doctoró en Biología Veterinaria.

Wangari se especializó en la investigación del ciclo vital de un parásito que afectaba al ganado. Creía que esta investigación le permitiría luchar contra la enfermedad y la muerte del ganado vacuno. Eso la llevó a recorrer las zonas rurales de Kenia en busca de muestras. Y fue entonces cuando se dio cuenta de los cambios que, en los pocos años en que había estado fuera, había sufrido su país: principalmente, la tala masiva de bosques para plantar cultivos de exportación, como el café o el té, con la consiguiente erosión y pérdida de nutrientes del suelo y contaminación de los ríos por los sedimentos.

## «El reto es restaurar el hogar de los renacuajos y devolver a nuestros hijos un mundo de belleza y maravilla»

Esta es la última frase del discurso de Wangari Muta Maathai. Este es el reto que plantea al mundo entero. Nace de una experiencia profunda de su niñez que posteriormente, gracias a su formación académica, pudo poner en palabras. Una experiencia inspirada por aquella naturaleza que veneraba y amaba.

Cerca de su casa había una higuera y allí mismo nacía un arroyo. La higuera era considerada un árbol sagrado por los kikuyu, porque junto a una higuera siempre había agua. Su madre le solía decir que no debía coger leña de este árbol y tenía que cuidarlo, porque «un árbol vale más que su madera». Ella no entendía el porqué, pero hacía caso a su madre. De pequeña, siempre que podía, iba junto a la higuera a jugar en el arroyo. Había miles de huevos de rana, que se imaginaba que eran perlas, y pasaba horas intentando cogerlos para hacerse un collar, pero no lo conseguía. Veinte años más tarde, cuando volvió al rincón de su niñez, se encontró con que habían cortado el árbol para construir una iglesia y el arroyo había desaparecido. No había ni higuera, ni agua, ni huevos ni ranas. En la universidad había podido estudiar de forma científica lo que sus antepasados ya sabían por experiencia: el vínculo entre las raíces de las higueras y las reservas de agua subterránea. Las raíces de la higuera se adentran en el subsuelo hasta llegar al nivel freático, a las reservas de agua de las que manarán las fuentes. Estas reservas se alimentan del agua de lluvia. Cuando llueve, las gotas se deslizan por las hojas del árbol, caen al suelo y penetran en el subsuelo. Esta agua subirá después por las raíces de la higuera y volverá a la superficie.

En el documental biográfico *Taking root* ['Arraigando'], Wangari recrea aquella historia y nos invita a escuchar atentamente el sonido de las gotas al caer de las hojas al suelo, porque sabe que el agua de hoy es vida para mañana.

## «Plantar árboles se volvió una opción natural»

Cuando Wangari regresó a Kenia, fue consciente de la cantidad de bosques que se habían destruido y se seguían destruyendo para establecer plantaciones comerciales. Además, estos cultivos, destinados a la exportación, estaban sustituyendo a los que proporcionaban alimentos a la población, y la sobreexplotación de la tierra a causa de estos monocultivos destruía la fertilidad de las tierras, volviéndolas estériles. Las mujeres, que eran quienes se ocupaban de la alimentación de la familia, se quejaban a Wangari, porque, si no había árboles, se quedaban sin agua potable y sin leña para cocinar sus platos tradicionales, que necesitaban una cocción muy larga, y se veían obligadas a cocinar alimentos refinados, con menos tiempo de cocción pero con muchos carbohidratos y pocas proteínas y vitaminas. Esta alimentación deficitaria a la cual no estaban acostumbradas provocaba malnutrición y enfermedades en la comunidad, sobre todo entre los más pequeños.

Wangari, que en aquella época trabajaba en la universidad y ya formaba parte del Consejo Nacional de Mujeres de Kenia, escuchó a las mujeres campesinas y se dio cuenta de que no les interesaban los parásitos del ganado que ella investigaba, sino algo tan simple como saber dónde podían obtener leña para cocinar. Pensó que tenía que hacer algo, y les propuso: «¿Y por qué no plantamos árboles?» Una pregunta sencilla, que podría haber sido hecha por un niño, pero que, planteada desde el deseo profundo de mejorar la vida de las personas, comprometió la vida de Wangari en una lucha ambiental y política que ella misma no imaginaba en aquel momento.

¿Y por qué se le ocurrió plantar árboles? Porque es relativamente fácil: está al alcance de todo el mundo y fomenta el compromiso; porque no se trata de repartir fajos de leña para el fuego de hoy, sino de hacer crecer árboles para mañana; genera ocupación, porque las mujeres se pueden ganar un sueldo por cada árbol plantado que sobrevive; potencia la igualdad de género, porque las mujeres, al tener un sueldo, son mejor consideradas, y en términos ambientales no solo permite la obtención de leña, sino la regeneración de la tierra y la recuperación de la biodiversidad.

Así nació, en 1977, el Movimiento Green Belt ['Cinturón Verde'], que desde entonces ha plantado en Kenia más de cincuenta millones de árboles, con el objetivo de mejorar el medio ambiente y la vida de las personas. Y Wangari Maathai, su inspiradora, que en aquel momento ya era madre de tres hijos, se convirtió también en Mama Miti, 'la madre de los árboles'.

Lo primero que hicieron las mujeres fue aprender a plantar árboles. Al principio, las semillas eran suministradas por los viveros, pero pronto resultó que había tantas mujeres plantando árboles que no había suficientes viveros para abastecerlas. Les enseñaron a hacer ellas mismas el plantel y sus propios viveros. De este modo no dependían de nadie. Eran independientes. Se enseñaron las unas a las otras y los viveros se multiplicaron. Si plantaban un árbol y sobrevivía, el Movimiento las compensaba con una pequeña cantidad de dinero que les permitía mejorar su situación dentro de las comunidades, y esto las motivó todavía más.

Era evidente que la mala gestión ambiental causaba problemas a las personas, y Wangari tenía muy claro que además de plantar árboles había que hacer un trabajo de concienciación de las mujeres, porque ellas se quejaban de los síntomas, pero había que comprender las causas y luchar para paliarlas. Las mujeres tenían que darse cuenta de que era necesario proteger el medio ambiente y defender sus propios derechos: había que plantar árboles y sembrar ideas. Por eso, el Movimiento hacía cursos de formación no solo de jardinería, sino de feminismo, de política y de ecología. «En este proceso, los participantes descubren que han de ser ser parte de las soluciones.» Descubrían las políticas abusivas que causaban la degradación del entorno, y tomaban conciencia de que los recursos no son de los gobernantes, sino de todos y todas, y que había que protegerlos, porque si no se utilizan de forma justa siempre estarán amenazados.

A causa de esta vertiente activista, Wangari y el Movimiento Green Belt tuvieron que luchar no solo contra las talas masivas de árboles, la sequía y la desertización, sino contra el gobierno dictatorial de Kenia.

## «Se ha hecho creer a nuestra gente que, al ser pobres, les falta la capacidad para afrontar sus problemas»

Kenia fue una colonia británica desde 1886 hasta 1963, cuando tras una serie de revueltas consiguió la independencia. La colonización fue un fenómeno expansivo de los países europeos más potentes (económica y militarmente) hacia países de otros continentes que se consideraban menos desarrollados. Es un fenómeno que se ha ido repitiendo y que en el siglo XIX afectó sobre todo a África, que quedó repartida entre diferentes países europeos con el objetivo, sobre todo, de extraer materias primas. Con la excusa de llevar la civilización europea a estos países, expoliaron indiscriminadamente sus recursos, despreciaron o aniquilaron su cultura y a menudo masacraron a la población. La huella que dejó el colonialismo europeo en África sigue viva y está en la raíz de muchos de sus conflictos actuales, puesto que se establecieron fronteras absurdas, separando a etnias que convivían bien y poniendo bajo la misma bandera a etnias enemigas que siguen luchando entre ellas. Se europeizaron nombres y topónimos, se cambiaron costumbres y formas de actuar, y empezó una destrucción imparable del entorno natural.

Wangari vivió la época colonial y fue muy crítica con ella, pero también valoró algunos aspectos positivos como la educación y la sanidad. En la escuela religiosa pudo aprender a leer y a escribir. El aprendizaje de la escritura fue todo un descubrimiento para ella, puesto que en su cultura no se utilizaba: los conocimientos se traspasaban a través de la tradición oral, de generación en generación, a través de relatos y leyendas. Pero Wangari era consciente de que la población colonizada pierde su conocimiento ancestral, su identidad y su relación con la naturaleza. Estaba convencida de que solo un pueblo consciente de sus raíces culturales puede vivir en paz con su entorno. Y por eso defendió siempre la recuperación de estas raíces, el respeto por los árboles, por la naturaleza y por el conocimiento y los valores que se habían perdido con la colonización. Solo así se podría sobrevivir.

El reparto injusto de las tierras, las expropiaciones y la obligatoriedad de pagar impuestos con dinero (que no tenían, porque entre ellos las transacciones se hacían con intercambios de ganado), obligaron a muchos hombres (entre ellos el padre de Wangari) a dejar sus tierras y su familia para ir a trabajar a las tierras de los colonos. Muta fue a trabajar de mecánico en una granja y mantuvo una buena relación con el propietario, y poco tiempo después Wangari y su madre se pudieron reunir con él. Ayudaban en la granja del propietario, que les cedía unas tierras para el autoconsumo. Si querían vender sus productos, solo podían hacerlo al propietario, que los compraba a un precio muy bajo. El propietario les daba cada día harina de maíz y un litro de leche como pago por el trabajo. La familia de Wangari vivió en estas tierras hasta que llegó el fin del colonialismo y la independencia, en 1963. Como su padre estaba muy bien considerado por el propietario, este le devolvió la tierra de la cual se había apropiado como colonizador. Muta, con otros campesinos, constituyó una cooperativa y se quedó a vivir allí hasta su muerte.

## «La gestión responsable del entorno era imposible sin un espacio democrático»

En 1952, el Ejército de Liberación de la Tierra, denominado Mau Mau por los británicos, inició la lucha armada contra el dominio colonial. La represión por parte del gobierno británico fue muy dura, se destruyeron pueblos enteros y se quemaron muchos bosques para evitar que los guerrilleros se escondieran en ellos. Murieron más de cien mil kenianos en cinco años. El año 1963 se consiguió por fin la independencia y Jomo Kenyatta fue nombrado primer ministro, pero en vez de corregir el rumbo siguió con el legado colonial de la deforestación y la explotación de los recursos. En 1978 fue sustituido por Daniel Arap Moi, que continuó veinticuatro años más con la misma política, privatizó los bosques y se convirtió en un dictador que gobernaba con las armas del miedo y la represión.

Arap Moi y su política corrupta hicieron ver a Wangari que no podía haber paz ni protección del entorno sin un gobierno democrático, y que su compromiso con el medio ambiente era también un compromiso político. Wangari se rebeló contra la dictadura. Pero no fue fácil, porque como mujer africana había cosas que no podía hacer, como por ejemplo cuestionar lo que hacían los hombres o enfrentarse a ellos. En aquella época, se divorció también de su marido, que además de tener problemas de alcoholismo no aceptaba que una mujer pudiera ser tanto o más inteligente y culta que un hombre, y la quería confinar al rol de esposa y madre. La separación la afectó personal y socialmente, la arruinó a causa de los pleitos y le hizo perder su posición en la universidad. Fue un descalabro, pero más adelante reconocería que le permitió hacer lo que quería hacer sin restricciones, porque los límites de la persona no los ha de marcar el entorno social, sino las propias capacidades.

En su lucha política, hay tres momentos importantes. El primero tuvo lugar en 1989 en el Parque Uhuru, el único parque público de Nairobi. El gobierno, con ayuda internacional, había decidido construir allí un rascacielos de más de sesenta pisos y una estatua del presidente de cuatro pisos de altura. Wangari, a través del Movimiento Green Belt, escribió una carta de protesta al gobierno británico, criticando que querían subvencionar un edificio en Nairobi que nunca subvencionarían en Hyde Park. Arap Moi, al enterarse, se enfureció y la insultó públicamente, preguntándose cómo una simple mujer se podía rebelar contra un presidente. No fue fácil para Wangari, pero la comunidad internacional retiró la subvención y el parque continuó siendo el pulmón verde de la ciudad. Pero lo más importante es que los ciudadanos se dieron cuenta de que si una mujer lo había conseguido, ellos también podían lograrlo: ¡estaba en sus manos hacerlo, era posible!

El segundo momento importante fue en 1992. Un grupo de mujeres, con Wangari al frente, se reunieron en el Rincón de la Libertad del Parque Uhuru para pedir la liberación de sus hijos y familiares encarcelados por motivos políticos. Habían decidido no moverse de allí hasta que lo consiguieran. Cada vez se sumaba más gente, hasta que el gobierno inició la represión. Wangari y muchas otras mujeres fueron brutalmente apaleadas, pero no se rindieron, y volvieron al día siguiente. Esta lucha duró todo un año, hasta que el dictador liberó a los presos (alguno de los cuales, sin embargo, después fue asesinado). Lo que estaba consiguiendo Wangari (siempre desde la legalidad y poniendo en peligro su vida porque la policía la vigilaba constantemente) era demostrar la capacidad de la sociedad civil para conseguir los cambios que quería.

El tercer momento importante fue en 1998, en el bosque Karura, cerca de Nairobi, cuando el gobierno ordenó deforestarlo. Wangari y el Movimiento Green Belt fueron a plantar árboles, enfrentándose a los trabajadores del gobierno. Hubo una gran movilización ciudadana. Todo el mundo quería salvar el bosque. Después de un año de protestas y represión, el gobierno se retiró del bosque y los árboles sobrevivieron.

Todas estas movilizaciones, que cada vez eran más multitudinarias, acabaron por hacer tambalear el gobierno del dictador Arap Moi, que en 2002 finalmente convocó elecciones. Wangari fue elegida en su circunscripción con casi el cien por cien de los votos. En el gobierno reformista que se constituyó, no llegó a ser ministra, sino adjunta del ministro de Medio Ambiente y Recursos Naturales, con el cual también tuvo que luchar para que la dejara actuar, por ejemplo con la preparación de una nueva ley forestal que el gobierno finalmente rechazó.

Tras haber sido golpeada por el ejército durante años de lucha pacífica en defensa del entorno y de la gobernanza democrática, Wangari animaba ahora a los militares a plantar árboles en los cuarteles y, de forma simbólica, les pidió llevar el arma en la mano izquierda y una plántula de árbol en la derecha. En este contexto, cuando empezaban a recuperarse las heridas de la represión y las raíces de los bosques y de la cultura, Wangari Maathai recibió el Premio Nobel de Paz, un premio que, sumado a la cincuentena que recibiría a lo largo de su vida, la espoleó a seguir luchando, en Kenia y en el mundo, hasta su muerte, el 25 de septiembre de 2011. No se podía bajar la guardia, ¡la lucha continuaba y continúa todavía!

### «Estamos llamados a ayudar a la Tierra a sanar sus heridas y, a la vez, sanar las nuestras»

Cuidar de la casa para que no se nos caiga encima: ni que fuese por egoísmo, ya estaría bien hacerlo. Pero no solo es esto lo que nos dice Wangari. Nos invita a dar un paso más allá, para «abrazar el conjunto de la creación en toda su diversidad, belleza y maravilla». Y eso será posible si dejamos de mirarnos el ombligo, de creernos el centro del mundo para pasar a sentirnos parte del mundo, corresponsables y cocreadoras, convencidas de que formamos parte de una gran familia y de que aquello que le pasa a uno de nuestros familiares, por muy insignificante que lo consideremos, sea árbol o insecto, en la otra punta del mundo, nos afecta también a nosotras.

Esto es lo que nos dice Wangari en su discurso, en 2004, después de treinta años de lucha en favor del desarrollo sostenible, la democracia y la paz, y después de haber plantado más de treinta millones de árboles en Kenia. Y esto es lo que vivimos ahora, cuando la urgencia climática no espera y nos toca asumir sus retos, con la certeza de que nos encontramos en un momento de cambio de conciencia en el que, como ella decía, tenemos que desterrar los miedos y darnos esperanza. Por más que este reto pueda parecer utópico, muchas personas han dado su vida por él.

El discurso de Wangari es convincente porque sus palabras están avaladas por la altura moral de sus actos y por su capacidad de inspirar a otras personas, convenciéndolas de que tenemos que dejar el mundo mejor de como lo hemos encontrado. Da sobre todo este mensaje a los jóvenes para que se comprometan con un sueño, no de lucro, sino de progreso humano; un sueño que favorezca el nacimiento de esta conciencia ya pujante que hará posible una nueva forma de relacionarnos con la Tierra, con todos los seres que la habitan y con nosotros mismos.

Y no hay que hacer grandes cosas, a veces basta con empezar plantando un árbol, o llevando una gota de agua en el pico como hace el colibrí para apagar un gran fuego. Lo explica Wangari en la página web del Movimiento Green Belt con esta leyenda de la tradición oral amerindia:

> Un día hubo un gran incendio en el bosque. Todos los animales huyeron aterrados y se pusieron a contemplar el fuego desde la lejanía. Todos menos el colibrí, que con sus pequeñas alas no paraba de hacer viajes hacia la fuente para coger unas gotas de agua en su pico y tirarlas sobre las llamas. Al cabo de un rato, un erizo que observaba el ir y venir del colibrí le dijo:
> —Pero, colibrí, ¿estás loco o qué? ¿Crees que así acabarás con el incendio?
> Y el colibrí respondió:
> —Ya sé que no, pero hago la parte que me corresponde.

Hacer cada una y cada uno la parte que nos correponde. Y hacerlo ahora, porque la Tierra ya no puede esperar:

> El arroyo se ha secado, las mujeres recorren a pie largas distancias para obtener agua, que no siempre está limpia, y los niños nunca sabrán lo que han perdido. El reto es restaurar el hogar de los renacuajos y devolver a nuestros hijos un mundo de belleza y maravilla.

# AKIPARLA LA FUERZA DE LA PALABRA